ESTA COMBUSTIÓN INALIENABLE

Siltolá Poesía | 102

Marc J. Mellado

ESTA COMBUSTIÓN
INALIENABLE

Ediciones de la Isla de Siltolá

Sevilla 2024

© 2024: **Ediciones de La Isla de Siltolá**
Apartado de Correos 22.015
41018 – Sevilla (España)
www.laisladesiltola.es • *editorial@laisladesiltola.es*

Diseño de colección: La Isla de Siltolá
Impresión: Kadmos

ISBN: 978-84-19298-37-9 • DL: SE 1510-2024
BIC: DCF • THEMA: DCF

(Impreso en España)

Para *Sara Aranda Román*

*"La teua mirada exiliada engendra espurnes
d'alba trepitjada".*

JÚLIA ZABALA

JUNIO

"Vendrán días suaves y los abrazaremos".

JULIO RIVERA

LUNES

¿qué hacemos hoy
con este precioso preámbulo
hacia la nada,
con la continuación
de esta ominosa apatía?

PRIMERA GRIPE ESTIVAL

va cayendo la tarde cada vez
con más fiereza detrás
de las montañas y todo
parece encaminarse decididamente
hacia un final ilusorio
donde los colores se vuelven
transparentes y se achican
los recuerdos. el verano
es aún un lugar vacío
y opaco que ansía un nuevo
aviso de la luz.

METAFÍSICA PARA TODOS LOS PÚBLICOS

*"En la casa vacía,
las piezas que nos faltan".*
LUIS BAGUÉ QUÍLEZ

una de las cosas que más me gusta hacer
es pensar sobre lo que voy a hacer. luego, en plena
acción sobre ese escenario baldío
que es ya la tarde, recuerdo rabioso el momento
en que me encontraba previamente,
en paz, los ojos tan quietos, trazando
un plan para moverme de un sitio a otro,
salir, saber que no estoy obligado a algo, y echo
de menos ese pírrico silencio que hace
unos minutos me rodeaba y me invadía.

a lo mejor lo que añoro es la cerveza
que me bebía entonces, o solo el deseo
de otra más, de volver a estar en esa casa
tan acogedora que a veces, con el tiempo, puede
llegar a ser uno mismo; en cualquier caso,
creo que no sé pensar más allá de donde
empiezan mis actos, así que la próxima
vez procuraré ser un poco menos pretencioso.

LA POESÍA SIGUE SIN SALVARME

supongo que cualquiera es susceptible
de venirse abajo recién entrado junio.
yo he fiado el éxito de la jornada a un vino de 2,29€.

no pido tanto, me compensan las satisfacciones
terrenales y asequibles: acabar el día
con el humor suficiente para charlar un rato,
fumar hasta que la neblina sedante del comedor
nos obligue a abrir de nuevo las ventanas;
irme a dormir sabiendo que mi perra
ha logrado tolerar una semana más la artrosis,
saber que lo de hace catorce horas
no bastaba para excederse hasta tal punto.

la inconsistencia del relato me dará una mínima
ventaja antes del siguiente golpe. sutil,
la tarde ya se siente como un guante de cristal.

CASI EQUIDISTANTE

habito el hueco
entre un alto
muro y un largo
silencio.

así,
bebo siempre
de la ardiente
discordia de lo inalcanzable.

QUIERO DECIR ALGO

tengo la boca llena de saltamontes.
es una sensación
algo desagradable: luchan por salir,
algunos lo consiguen,
otros con menos suerte
vuelven hacia dentro y siguen
intentándolo, mueren
en un rincón, cerca de una muela, olvidados, o sirven
de tabla de salvación
para los siguientes, de lanzadera
para los que pronto huirán. en cualquier
caso, mi boca
no es un buen lugar
para protegerlos del mundo, nada
me haría más feliz
que su abandono, notar
que por fin cesa en ellos también el deseo
feroz de otros lugares. pero falta
que den con el botón
exacto que abra
definitivamente la compuerta.

EN AUTOMÁTICO

como si vivir fuese una carrera
hacia un lado o hasta
un punto, como si hubiese
que decidirlo en un segundo
todo y, al momento, olvidarlo,
discutirlo rápido, intercambiarlo
por sí mismo otra vez
y hacer más real su encanto
y así empezar a tener motivos
para esconderlo; callar, al fin
y al cabo, para ganarse el delicado
trofeo de sentirse vivo.

PRÓRROGA IMPOSIBLE

necesito
mucho más tiempo
del que dispongo
para asumir lo que me ocurre:

las palabras que pronuncio,
las decisiones que no tomo,
mi presencia en este mundo,
el ameno aturdimiento de las madrugadas.

vivir es una vaga inercia
que a menudo me obliga a descartar
cosas que quizá son importantes.

LO QUE FALTA PARA JULIO

tengo un calendario en la cocina,
de estos que regalan
las empresas a final de año.

me gusta tachar
los días a medida que pasan,
como quien cercena
una idea anterior que no
necesitaba. a veces
lo hago por la noche,
como con prisa, antes
de que llegue el siguiente,
y a veces lo hago
unas horas tarde,
como queriendo mantener
tímidamente
en suspenso un trozo
del ayer.

la cuestión es marcar aquello que ya no vuelve.

CUESTIÓN DE TIEMPO

"Le doy una llama a la falta".
PATRICIA GONZÁLEZ LÓPEZ

a mi abuela le flipaba el bitter kas.

cada año,
por estas fechas (su cumpleaños),
me preparaba uno
con hielo y le decía:
a ver si este año
ya me gusta.

y siempre
se lo acababa bebiendo ella.

este año tampoco
me ha convencido aún.

en definitiva,
que cualquier cosa
me vale para seguir recordándola.

LA INCONSISTENCIA DEL RELATO

maldito ese efímero tramo final
del domingo en que me quise ver
ya trabajando; terrible momento
aquel en que me puse a escribir
un mal soneto cuando ya tenía
en mi cabeza el poema definitivo.

inofensiva esta pasión, este desliz,
esta manera tan ingrata de existir
entre iguales y diferentes; incauto
de mí, mis temores más fatales
ya tenían tanta forma y una larga
duración desde que era un niño.

errático mi caminar, mi método,
el verso que consignaré esta noche,
mis ganas de arder, porque al arder
se renuncia a todo para no ser nada.

desaforada esta misión suicida de atar
la realidad, de regir sus cimientos;
indigna, vil, innecesaria esta infame
necesidad de tener las cosas claras.

TELEGRAMA DESDE LA ADULTEZ

"Por eso hay que olvidar el tango
Y cantar bolero".
LEGNA RODRÍGUEZ IGLESIAS

ya no quiero saber tanto sobre todo.
a veces, ni siquiera un poco sobre
algo. la duda no puede aún llegar
a complacerme: el conformismo
es ya esa gota repetitiva cayendo
sobre las paredes de mi conciencia.

NO VA MÁS

pasadas las nueve y media
he reconsiderado mi posición
en el mundo y he pensado
que por hoy ya está bien,
que no hace falta tocar nada
de este día aunque quisiera,
que a veces un poco de alegría
ya es un motivo para plantarse
hasta mañana y que ojalá todo
fuese un poco más sencillo.

JULIO

"com una encavallada de flames
que impedeixen desprendre's del foc".

IRENE TARRÉS I CANIMAS

ALERTA

mi castigo es llegar, tenerlo
claro desde el inicio, aceptar
el compromiso de la certidumbre.

aunque el último
cambio de rumbo llegue
demasiado tarde.

NUEVAS TENDENCIAS

parece que a los martes
de julio les va ahora la equidistancia,
la futilidad; a veces,
la intrascendencia. trato
de no ahogarme en este océano
de banalidad haciendo lo que más
me apetezca, recordando,
de paso, que los mejores
momentos nacen cuando
se está a punto de tocar

la nada.

SIN OXÍGENO NO HAY LLAMA

en qué momento se torció
todo tanto, pienso
mientras conduzco a través
de esta excesiva mañana de julio
después de que la locutora anuncie
en la radio con voz
robótica que los sindicatos
y la patronal están totalmente
de acuerdo antes
de debatir el asunto.

CONÓCETE A TI MISMO

"algo como una antena dolorosa
caída no se sabe, palpitante".
JAIME GIL DE BIEDMA

he salido con la copa
al balcón a observar la pura inactividad
de todos aquellos pájaros que, durante
esta vasta tormenta de verano, renuncian a su vuelo
—casi me obligo a pensarlo—
por mera supervivencia.

y he acabado entendiendo pronto, antes
de volver de nuevo al calor, que mi vida
no deja de ser así, como inútilmente
nunca la había imaginado:

tan atento a lo que no ha de ser,
dándole más importancia al sueño que a lo que le precede,
sumido en la angosta preocupación por un quizás,
eterno culpable
de todas estas lluvias,
de todo lo contrario a lo importante.

NO ESCRIBIRÉ

*"Mi amor como mis letras son y estorban
la mirada impecable de la historia".*
TINA ESCAJA

últimamente abro los ojos en mitad de la noche
como por un acto reflejo, un espasmo ingrávido,
cuando el sueño es la única parte reconocible
de mi cuerpo, y aparece de pronto mi último
poema, ese al que solo le sucederá el silencio,
en la mansa oscuridad del techo de mi habitación.
es una imagen que me recuerda que siempre
estoy a tiempo de volver a creer en algo, por poco
que me calme la idea de no escribir nunca más
(los brazos en alto, una nueva nada en ciernes),
pero a medida que han ido pasando los días,
despierto ante una antigua tentativa de insomnio,
he entendido la magnitud de la desobediencia
con que me impulso al vacío: la mirada encuentra
y anticipa el final y las manos corren a apresar
lo que se escapa. aunque mi vida sea únicamente ya,
ahora, este verso que se acaba en una posición
que alguien espera. por eso, para dormir de nuevo,
necesito conocer la fecha exacta de toda muerte

y que no me encuentre el brillo de lo inacabado.

DEFINIR UN REFLEJO

desde el balcón miro los fuegos
artificiales de la playa
del Miracle, como cada julio.
a quién no le gusta una palmera
hecha de luces, a quién no le seduce
el olor a pólvora; quién
inventó esta fiesta momentánea
que es el fin último de nuestra
especie: encontrar la belleza
en aquello que se destruye,
dedicarlo todo a algo
que va a acabar quemándose
tan pronto.

también nosotros somos
así: puntos ígneos
esparcidos por un tiempo
siempre insuficiente
que cada día están
más cerca del olvido.

ENSAYO DE UN HÁBITO

doblo el número de cigarros
que habitualmente fumo
cuanto estoy a punto de enfermar,
supongo que por dos razones:

soy como una versión viciosa
y maníaca de la hormiga
que acapara mucha comida
para cuando llegue el invierno,
vertiendo sobre mi esófago
toda esa nube que soy capaz
de aspirar antes de que caiga
en el suplicio de la fiesta
de las bacterias descontroladas
por mi garganta indefensa.

también soy la cigarra, consciente
de su plan para retener el instante
y no pensar en el mañana,
ese dominio lejano (y seguramente
tan poco parecido a hoy) donde
ya no habrá humo sino cenizas,
y tengo que acelerar en la carrera

de matarme lenta y deliberadamente,
por si en las siguientes horas
ese designio escapara de mis manos
y, de pronto, ya no me concerniese.

pero no puedo olvidar que el tiempo
es esa vaga ilusión, que mi costumbre
es ciega y que me aprende tanto
cualquier cosa
                    que acabo viviendo
en un permanente estar a punto
de sufrir, de debilitarme, de caer
hasta el fondo y volver, volver, volver,
resurgir algún día,
porque solamente así
la vida me consiente el sosiego
de sus penúltimas consecuencias.

CONTRARRELOJ

es sutil
esa manera de los días
de empezar a parecerse
al anterior,
al siguiente,
al que vendrá,
a uno cualquiera.

RESIGNARSE A LA HORA

he podido observar las nubes esta tarde.

se aceleraban un momento para luego
detenerse y, a medida que el sol
moribundo las incidía, volvían
a moverse indolentemente.

ahora ya solo queda la ceniza
de ese encuentro. quizá también
yo me mueva hoy así: como un impulso
vago, muy a contraluz.

UN DESIGNIO INCONFESABLE

hoy me desperté pensando
que no iba a despertarme.

es tantas cosas la muerte
ya: que te vayas enfadada
a trabajar y yo me quede
en un limbo de minutos
anárquicos e indiferentes;
que pueda expresar solo
un porcentaje tan ínfimo
de lo que está en mi cabeza
y lo demás sean suspiros,
trabalenguas y canciones;
que pierda otro momento
idóneo para la redención
y lo mezcle con alcohol,
con llanto débil, con algo
de fuerzas para sentarme
y escribir y desencajarme
y mandarlo todo al carajo
por un rato; que no vuelvas,
que yo ya me haya marchado,
que la pira en que se quema

esta parte de mi vida no siga
ardiendo aún hasta las brasas

y que mañana sea esa noche
estática que algún día quise.

SANTA ANA

las vísperas
más desapacibles son
las que conjugan
las aristas del deseo.

CLASE DE HISTORIA

espero algo que no sé qué es
y que no sé cuándo llegará.
puede que lleve toda la vida
esperándolo.

a lo mejor es solo una sensación
que se ha convertido en un pequeño
e imperceptible martillo que no deja
de golpearme en el pecho, suave
pero incesantemente; y que no
parará nunca.

A LA DESESPERADA

"y volvió a ser veloz sin destino".
ANTONIO GAMONEDA

difícil es llegar a casa a media tarde
algo borracho y no tener dónde
ir a desparramar toda esta algarabía
de canciones aceleradas y de coches
estacionados en *warning* por el arcén,
encender un cigarro, mirar alrededor
y preguntarme por qué, buscar una respuesta
fácil a este dispendio tan exagerado que es
este rato y encontrar el hueco obsoleto
donde antaño dejé agonizando una parte
de mi esencia que perseguía, sin saberlo,
estas paredes de ansiado bienestar, de ruido
estanco y de habitaciones poco ventiladas.

dejé atrás una piscina llena de sangre, voces
de amigos que ya no están y a los que extraño,
de vez en cuando, como cuando me pongo a cantar
y la noche y la pena acometen como un sable
en la garganta, pudorosas y omniscientes
como estas ganas de partir la vida en dos,

de dejar de escribir y preocuparme por cualquier
cosa sin necesidad de atajar este temblor sangrante.

porque hay un dolor -aunque sean tan escasas
las razones de mi desafección- que me exime
infantilmente de hacer algo para combatirlo,
y una correspondencia empujando al futuro
con la liviandad del vuelo de una golondrina,
aunque vuelva a aparecer glorioso encarando
la hostilidad del momento que me zarandea
y tenga en mis manos la voluntad de hacerlo
increíble; que se desvanezca esta doblez,
este estigma, estas manchas en la piel
y en los pulmones y en las sucesivas
jornadas. que no puedo asegurar
que seguiré aquí, pero puedo amarrarme
a un palo y resistir, como siempre, el canto
áspero aunque fértil de lo que vendrá mañana.

AGOSTO

"Where we lie
The heat-cracked crickets congregate
In their black armourplate and cry".

SYLVIA PLATH

OLA DE CALOR

el mundo en verano es un reptil
dormido bocarriba
sobre las rocas desgastadas
del calendario.

CREACIÓN DE UN RECUERDO

hoy conduzco hacia el centro
de un día típico
de primeros de agosto. el sol
dora mi brazo izquierdo
como si estuviese en el epicentro
de un infierno dócil, añorado
quizás; carretera abajo, sus rayos
plasman en el mar una fosforescencia
inmemorial y siento
algo parecido al consuelo.

PARECIDO A UNA CERTEZA

"y las nubes que instauran su incendiado delirio".
PERE GIMFERRER

el viento dispone
a mi alrededor los últimos coletazos
de humedad tras la llovizna
de esta tarde y los caracoles
pueblan las aceras en un nuevo
despliegue que recuerda
a alguna táctica militar.

mientras, la noche también
está surgiendo y, con ella, una antigua
nostalgia aún sin nombre.

CANÍCULA

cuán poca verdad en este día amarillo.

juro que hice todo
lo posible por encontrarme
bien
dentro de mis posibilidades.

algunas veces sigo saliendo a mediodía
para ver si me derrito
y se ablanda esta angustia.

no quiero recordar
que hace algún tiempo
la vida pesaba
como nunca
antes.

RIESGO DE INCENDIO

sentado en el inodoro, los pantalones
subidos, buscando en la agenda
del móvil un contacto que no debí
perder, bien podría ser esto
el inicio de una versión contemporánea
de Exiliado en el lavabo, excepto
porque aquí se halla el único ventilador
que funciona hoy en toda la casa.

PIROGRAFÍA

tengo miedo de enfrentarme
a mis poemas. los guardo
por si algún día venzo
esta absurda y antigua timidez
y consigo embadurnarme
con su recuerdo resinoso
de momentos perfectos
y euforias que parecen durar.

hubo un tiempo en que solo
sabía borrarlos, estuviesen
a medias o terminados,
siendo mi único deseo
que una llama purificadora
-o un icono con forma de papelera-,
que empezaba y acababa en mí,
consumara esta insólita
ansia de olvido.

ahora vuelvo a estar al filo
de una nueva disyuntiva
que, sin tenerme en cuenta,
se decidirá cuando este día

sea una esquirla en la pared
del repertorio aciago de mis noches

y explote en mi interior
un nuevo principio inconcebible.

DAÑO Y TREGUA

casi envidio la ligereza
de una pluma. me gustaría
sentarme tranquilo ahora frente a cualquier
imagen redentora y lo único
a lo que aspiro es a prescindir
de la literatura y su concurso:

no tengo necesidad de tantos ojos.

PÓLVORA

pienso mucho en estos días, incluso
antes de que acaben: el ardor
en la piel, el exceso de sueño,
el cansancio que también suscitan
la inoperancia y el aburrimiento.

pienso en ellos como quien despide
los mejores años de su vida, Ítaca
a la que nunca se volverá (tampoco
hay motivos para el regreso) pero
que siempre será tan recordada.

a veces no quisiera ese disfrute
extremo, a veces no quisiera todo
lo que hay que despejar para llegar
a él: quedarme a medias, esperar
tardes mejores, mañanas menos
repentinas, sensaciones más puras
como la adolescencia o la niñez.

pero a mi alrededor solo hay fuego
y recuerdos, cosas innombrables
y territorios sin bandera ni ríos
que no llegan a abarcar mi pupila.

INGENUA MATEMÁTICA

"la imagen es del pálido recuerdo
de aquel amor que para siempre pierdo".
GERTRUDIS GÓMEZ DE AVELLANEDA

empecé a hablar tarde. lo primero
que le dije a mi a madre fueron
los números de las matrículas
de los coches aparcados
a ambos lados de nuestra calle.
antes de cumplir cinco años
sabía todas las capitales
del mundo que fueran susceptibles
de ser preguntadas (era fácil:
por entonces, Yugoslavia
solamente tenía una). me leían
cuentos, pero era yo quien los recitaba.
me proveí de cuanto pude
memorizar, por si algún día la escasez
de mi mundo contrastaba con la de los demás
y se rompía algo, por ridículo que fuese, y eso
es lo que supe luego: que no por más saber
se vuelve menos denso el tráfico,
más amable esta vida,

y a medida que crecía, a disposición
de mi desconfianza, me fui haciendo
más y más pequeño. hasta que llegó el tiempo
de la indiferencia. y nunca más lo que estuvo
en el pasado tuvo la misma importancia
que lo que ocurriría después:
una excusa, una prisa, una anticipación.
llegué hasta el lugar en que nada
puede salvarse, en que el recuerdo
es la mecha añorada que prende
la posible levedad del ahora.

porque ya solo pienso
en números inusuales, cuentos
impredecibles y lugares cercanos
que sean capaces de concentrar
lo poco que queda de aquel vocabulario.

TARRAGONA

"Recuerda que los días dejaron su equipaje
en nuestra casa,
su piel en nuestra piel".
Ángeles Mora

háblame de otras cosas, qué tal
el trabajo, que tengo la cabeza repleta
de ideas penosas e intrascendentes:
estuve agarrado al bloc de notas.
a ti te parecerá genial, a mí quizás
también, porque dedicarse
a lo que no produce ningún rédito
arroja sonrisas sobre el ambiente
como muy pocas cosas consiguen
pero a la vez trae remordimientos,
aunque muchos menos que las tareas
cara al público o que la gestión
de las incidencias y los impagos,
porque ya me conoces, y conocernos
se parece mucho a volver a encontrarnos
después de que atardezca otra vez,
porque es tan impresionante
cuando no tenemos algo que hacer,
qué inmenso y qué pequeño el día

cuando el sueño no aprieta y el móvil
está en silencio y como locos ponemos
el reloj a andar, sumergidos en el denso
caudal de nuestras largas nimiedades.

te acuerdas?
el cemento se volvió difícil y la ciudad
apartó el agua de nuestros rostros
y no nos quedó otra opción
que constituir nuestra propia acequia.
muchas veces, más de las que deseo,
esa misma corriente me recuerda los pisos,
las calles, las aceras corroídas por el tiempo
por las que peregrinamos, buscando
un hueco donde encalar la piel,
faltos de un deber tan básico
como el futuro; cuántas luces poblaban
el techo entonces, y qué color tan cálido
alumbra la estancia de nuestro
menester actual, como un relámpago
de lana en una noche de franela.

hoy te espero como ayer, en un balcón,
en otro bar, en la orilla de cualquier cosa
que nos quede por hacer, solitario en la plaza

más céntrica y abarrotada de lo nuestro,
y aminoro las veces que haga falta
la velocidad como quien se cruza
con un animal de noche en la carretera,
dispuesto a llegar al lugar más lejano
sin motor pero con algo de paciencia,
obviando que esta trayectoria pueda tener
un final (siquiera una certeza), sabiendo
que el vértigo más puro lo alcanzaré
cuando no deje de encontrarte ni un segundo.

FINALES DE AGOSTO

caminamos
bajo las palmeras.
mañana es todavía un rumor
suave y una brisa
cálida me recuerda
días peores.

atardece.

PRONTO ANOCHECERÁ

"el dulce fragor de lo distante".
IDA VITALE

olvídame, ahora que están
a punto de llegar
los anuncios de coleccionables.
las nubes van cambiando
su forma con el sigilo
de una serpiente
y empiezo a no pensar en el calor.
hoy he instaurado una angustia
común, aquella que habla
de todo lo que tenía pensado
y de lo poco que ocurrió
después. y es que cada vez
me despido más
y cada vez lo hago peor.

PRECISIÓN DE LA NOSTALGIA

ordeno estos poemas
cerca de la playa,
con una gata en el regazo.

(le tengo un poco de alergia,
sí,
pero luego ya hablaremos).

se oyen las olas rompiendo,
mi hermano duerme
la siesta después
de un duro día de trabajo.

me sirvo ginebra
y un poco de hielo.

qué bien,
pienso:
sigue siendo aún
tan pronto para todo.

ÍNDICE

JUNIO

JULIO

AGOSTO

ESTE NÚMERO 102
DE *SILTOLÁ POESÍA*
SE TERMINÓ DE IMPRIMIR
EN EL MES DE JUNIO DE 2024

Colección SILTOLÁ POESÍA
Otros títulos publicados en esta colección